*Wenn Gott keinen Spaß verstünde,
so möchte ich nicht in den Himmel!*
Martin Luther

AM ANFANG WAR DAS WORT

GÖTTLICHE WITZE

EULENSPIEGEL

Gesammelt von Thomas Kupfermann

INHALT

Gottes Bodenpersonal 7

Das himmlische Personal 17

Der Hirte und seine Herde 27

Die Schäfchen unter den Schafen 39

Himmel oder Hölle 45

Religionen unter sich 57

GOTTES BODENPERSONAL

Ein Pfarrer fährt freihändig mit dem Fahrrad eine steile Straße hinunter. Kommt ein Polizist, hält ihn an und sagt: »Freihändig fahren ist verboten! Macht zehn Euro!«
Antwortet der Pfarrer: »Gott lenkt mich!«
Der Polizist: »Zu zweit fahren ist auch verboten, macht zwanzig Euro!«

Zwei Pastoren im Gespräch. »Heute hatte ich einen anstrengenden Tag«, sagt der eine, »zwei Beerdigungen, drei Urnenbestattungen und dann noch eine Kompostierung!«
»Kompostierung?!«, wundert sich der andere.
»Tja, auch die Grünen werden älter!«

Der Pastor spaziert durch sein Dorf und bleibt an einem wunderschönen Garten stehen. Er wendet sich an den Mann, der sich darin zu schaffen macht: »Ihr Garten ist ja ein Paradies! Da hat Ihnen unser Herrgott einen herrlichen Ort geschenkt und lauter schöne Blumen und Pflanzen wachsen lassen.«
»Gewiss«, versetzt der Mann, »aber Sie hätten den Garten mal sehen sollen, als ihn unser Herrgott ganz allein bewirtschaftet hat!«

I. Eine Frau kommt zum Pfarrer: »Können Sie meinen Hund taufen?«
Der Pfarrer empört: »Ich taufe doch keinen Hund!«
Die Frau: »Schade, dann muss ich mit den tausend Euro zur evangelischen Kirche gehen.«
Der Pfarrer: »Warum haben Sie nicht gleich gesagt, dass der Hund katholisch ist?«

II. Einige Zeit später erhält der Pfarrer, der den Hund getauft hat, Besuch vom Bischof. Der ist ganz zufrieden, aber fragt zum Ende der Visitation: »Mir ist zu Ohren gekommen, Sie hätten einen Hund getauft. Ist Ihnen bewusst, dass Sie damit gegen das Kirchenrecht verstoßen haben?«
»Ich weiß«, bekennt der Pfarrer, »aber die Frau hat mich so gedrängt und auch großzügig für die Kirche gespendet.«
»Dann will ich mal ein Auge zudrücken«, meint der Bischof, »aber sagen Sie: Ist der Hund eigentlich schon gefirmt?«

Der Bischof ist zu Besuch beim katholischen Pfarrer. Er sieht, dass in seinem Schlafzimmer Ehebetten aufgestellt sind. Bischof: »Herr Pfarrer, wir haben doch das Zölibat.«
Pfarrer: »Wir stellen ein Bügelbrett zwischen uns auf.«
Bischof: »Was machen sie, wenn die Versuchung über sie kommt?« Pfarrer: »Dann nehmen wir das Bügelbrett weg.«

Zwei Priester beschließen, nach Hawaii in die Ferien zu fliegen, um einmal richtig Urlaub machen. Sie wollen nicht, dass man sie als Geistliche erkennt. Sobald das Flugzeug gelandet ist, gehen sie in einen Laden und kaufen sich Shorts, schrille Hemden, Sandalen und Sonnenbrillen und gehen am nächsten Morgen zum Strand. Kaum liegen sie auf ihren Liegestühlen und genehmigen sich einen Drink, als eine tolle Blondine in winzigem Bikini direkt auf sie zukommt sagt: »Guten Morgen, Vater!« und nickt jedem von ihnen freundlich zu.

Sie sind völlig perplex, perfektionieren noch einmal ihr Touristenoutfit, doch am nächsten Morgen am Strand wiederholt sich die Szene.

»Einen Moment bitte, junge Dame«, hält der eine die Blondine auf, »woher in aller Welt wissen Sie, dass wir Geistliche sind?«

»Vater, ich bin's, Schwester Renate …«

Ein Kloster wird renoviert. Die Äbtissin will den Bauarbeitern etwas Gutes tun, lässt eine Suppe für sie kochen und trägt den Topf zu den Arbeitern. Auf dem Weg denkt sie: Ich will aber zunächst ihren Glauben prüfen.

Sie fragt den ersten: »Sag mir, mein Sohn, kennst du Jesus von Nazareth?«

Der Bauarbeiter schaut verdutzt, dann schreit er nach oben zu seinen Kollegen: »Sag mal, kennt einer von euch den Jesus von Nazareth?«

»Nein, wieso?«, tönt es zurück.

»Seine Alte ist da und bringt ihm das Essen!«

Drei Pfarrer sprechen über die Aufteilung der Kollekte.
Sagt der erste: »Ich teile das Geld auf einer Waage gleichmäßig auf. Den Inhalt der linken Schale behalte ich, was in der rechten liegt, gehört Gott.«
Meint der zweite: »Ich teile das Geld einfach in Scheine und Münzen. Die Scheine sind für Gott, die Münzen behalte ich.«
Sagt der dritte: »Das ist alles viel zu umständlich! Ich werfe das ganze Geld einfach in die Luft. Was Gott sich schnappt, gehört ihm, was herunterfällt, gehört mir.«

Ein Jesuit und ein Franziskaner streiten, ob man bei der Bibellektüre rauchen dürfe.
»Darf man nicht«, erklärt der Franziskaner. »Ich habe bei meiner Ordensleitung angefragt, ob man beim Bibellesen rauchen darf, und sie hat es untersagt.«
»Ich«, sagt der Jesuit, »bin zum Papst gegangen und habe die Erlaubnis bekommen.«
»Wie das?!«
»Ich habe ihn gefragt, ob man beim Rauchen die Bibel lesen darf.«

Ein junger Pfarrer nimmt zum ersten Mal die Beichte ab. Anschließend fragt er einen älteren Kollegen: »Na, wie war ich?« Der andere: »Für den Anfang nicht schlecht, aber du solltest öfter ›Na, na‹ oder ›Ts, ts‹ statt ›Wow!‹ und ›Hui!‹ sagen!«

Meier will den katholischen Pastor in einer dringenden Angelegenheit sprechen, aber er reagiert nicht auf die Klingel. Das Auto des Pastors steht vor der Tür, also läuft Meier ums Haus und schaut durchs Schlafzimmerfenster. Dahinter sieht er den Pastor mit seiner Haushälterin im Bett. Nach einer Viertelstunde kommt der Pastor zur Tür, rückt seinen Pfarrrock zurecht und murmelt: »Entschuldigung, ich habe gerade ein kleines Nickerchen gemacht.«
Darauf Meier: »Ja, das habe ich durchs Nensterchen gesehen.«

Der Pfarrer will nach getanem Tagewerk einen guten Tropfen Roten genießen. Doch die Flasche geht partout nicht auf, der Korken lockert sich keinen Millimeter. Endlich ruft der Pfarrer mit einem Blick auf die Flasche verzweifelt: »Wie kann Gott dies zulassen?!«

Ein Betrunkener setzt sich in der U-Bahn neben einen Pfarrer. Der Mann, mit Bierfahne, offenem Hemd und loser Krawatte, zieht eine Zeitung aus seiner Jacke und liest. Nach ein paar Minuten fragt er den Pfarrer: »Wovon bekommt man eigentlich Rheuma?«
Der Pfarrer: »Vom unsoliden Lebenswandel, vom Alkohol, vom billigen Sex!« Der Pfarrer hält inne, und fragt milder: »Seit wann haben Sie denn Rheuma, mein Sohn?«
Der Betrunkene: »Ich habe keins, aber in der Zeitung steht, dass der Papst Rheuma hat.«

In einem Dorf befindet sich ein Kloster. Direkt gegenüber ein einschlägiges Etablissement. Eine Novizin wird beauftragt, aus dem Fenster des Klosters zu beobachten, wer alles in den Sündenpfuhl hineingeht.

Nach einiger Zeit: »Mutter Oberin! Mutter Oberin! Eben ist der Bürgermeister reingegangen.«

»Siehst du, auch die Obrigkeit ist nicht gefeit vor der Sünde.«

Wieder einige Zeit später: »Mutter Oberin! Der evangelische Pfarrer ist gerade reingegangen!«

»So ergeht es den Irrgläubigen. Sie erliegen den Verlockungen des Fleisches.«

Noch einige Zeit später: »Mutter Oberin! Mutter Oberin! Der katholische Pfarrer ist hineingegangen!«

Die Oberin wird kreidebleich, schnappt nach Luft und sagt: »Da wird doch wohl keiner gestorben sein?!?«

Predigt der junge Priester: »Und immer wenn ich einen Betrunkenen aus einer Kneipe kommen sehe, sage ich zu ihm: ›Du bist auf dem falschen Weg, kehre um!‹«

Die Oberin hält den Schülerinnen einen Vortrag über die Gefährlichkeit der Männer: »Wollt ihr für eine halbe Stunde Freude ein Leben in Schande verbringen?«

Nach dem Vortrag fragt sie, ob noch irgendetwas unklar sei. Darauf hebt eine Schülerin schüchtern die Hand: »Wie kann man erreichen, dass es eine ganze Stunde dauert?«

Der Kölner Kardinal stirbt und vermacht dem Papst seinen langjährigen Gefährten, einen Papagei. Jeden Morgen, wenn der Kardinal ins Zimmer trat, krächzte der Vogel: »Guten Morgen, Eminenz!« Das macht er nun auch, wenn der Papst sein Arbeitszimmer betritt: »Guten Morgen, Eminenz!«

Nach wenigen Wochen reicht es dem Papst, muss es doch korrekt »Guten Morgen, Eure Heiligkeit« heißen. Aber auf keine Weise gelingt es ihm, dem Papagei die korrekte Anrede beizubringen. Endlich beschließt der Papst, den Papagei durch den Augenschein zu überzeugen, und betritt in vollem Ornat mit Mitra und Hirtenstab, begleitet von der prachtvoll gekleideten Schweizer Garde, das Arbeitszimmer. Der Papagei stutzt, dann schreit er begeistert flatternd: »Kölle Alaaf!«

Zwei Pfarrer im Gespräch. Der eine klagt über die schlechten Zeiten: »Keine Hochzeiten mehr, keine Bestattungen mehr …«
»Stimmt«, pflichtet der andere bei, »und wenn man nicht ab und zu unter die Leute ginge, gäbe es auch keine Taufen mehr.«

Ein Passant trifft auf der Straße eine Nonne. Die Nonne schiebt einen Kinderwagen vor sich her. Daraufhin meint er lästernd: »Na, ein kleines Kirchengeheimnis!«
Die Nonne darauf: »Nein, ein Kardinalfehler!«

Der Papst unterhält sich mit einem Bischof: »Mein Sohn, eine solch hübsche Haushälterin und ein Doppelbett? Wie passt denn das zusammen? Was tust du, mein Sohn, wenn dich die Fleischeslust einmal überfällt?« – »Nun, ich rufe meinen Hund und gehe mit ihm einige Stunden spazieren, bis die Anzeichen sich legen.« – »Und was tut deine Haushälterin, wenn sie die Fleischeslust überfällt?« »Nun ja, dann ist sie an der Reihe, den Hund ein wenig auszuführen.« – »Und wenn euch beide einmal gleichzeitig die Fleischeslust heimsucht?« – »Ach, heiliger Vater, mittlerweile kennt der Hund den Weg ganz alleine.«

Der Papst hat zum ersten Mal eine Sauna besucht. Davon ist er so begeistert, dass er gleich am nächsten Tag wieder in die Sauna will. Sein Sekretär warnt: »Eure Heiligkeit, morgen ist es eine gemischte Sauna!« Der Papst winkt ab: »Ach, die paar Protestanten stören mich nicht.«

Ein Unterhändler von Coca-Cola kommt in den Vatikan, wird zum Papst vorgelassen und bietet eine Million Dollar, wenn es im Vaterunser künftig heißt: »Unsere täglich Coke gib uns heute.« Der Papst schüttelt nur den Kopf. Der Vertreter von Coca-Cola bietet zehn Millionen, hundert Millionen, der Papst lehnt wortlos ab. Endlich bietet der Vertreter eine Milliarde! Da dreht sich der Papst zu seinem Schatzmeister um und fragt: »Wie lange läuft der Vertrag mit der Bäckerinnung noch?«

Drei Nonnen wollen ihr Kloster verlassen und weltliche Berufe ergreifen. Die erste will Schneiderin werden.
»Ja, das ist ein ehrbarer Beruf«, sagt die Äbtissin. Die zweite will Stewardess werden. Die Äbtissin billigt auch diese Entscheidung. Dann kommt die dritte Nonne an die Reihe: »Ich will Prostituierte werden!« Die Äbtissin fällt in Ohnmacht. Als sie wieder zu sich gekommen ist, vergewissert sie sich noch mal: »Was willst du werden?!«
»Prostituierte!«
»Gott sei Dank! Ich hatte verstanden: Protestantin!«

»**Warum** wollen Sie unbedingt Priester werden?«, staucht der Bischof einen Seminaristen zusammen. »Ihnen fehlt jedes Talent für das geistliche Amt!«
»Aber ich bin so fromm«, versetzt der junge Mann.
»Mag sein«, schimpft der Bischof, »aber damit wird man nicht Pfarrer, sondern höchstens ein Heiliger!«

Zwei bejahrte Prälaten machen Urlaub auf Sylt. Während eines Strandspaziergangs stoßen sie auf einen Bretterzaun, auf dem mit großen Buchstaben steht: »FKK«.
»Was heißt denn das?«, fragt der eine. »Weiß ich nicht, aber wir können ja mal nachschauen«, antwortet der andere. Er hangelt sich am Zaun hoch. Plötzlich ruft er: »Du lieber Himmel, hier sind lauter nackte Menschen!«
»Was?!«, sagt der andere, »Männer und Frauen?«
»Weiß nicht. Sie haben ja keine Kleider an.«

DAS HIMMLISCHE PERSONAL

Der liebe Gott ist seit sechs Tagen nicht mehr gesehen worden. Am siebenten Tag findet ihn der Erzengel Gabriel und fragt ihn, wo er in der letzten Woche gewesen sei. Gott zeigt durch die Wolken nach unten und sagt stolz: »Schau, was ich gemacht habe! Das ist ein Planet, und ich habe Leben darauf gesetzt. Ich werde es Erde nennen und es wird ein Ort unheimlichen Gleichgewichts sein!«
»Gleichgewicht?«, fragt Gabriel.
Gott erklärt, während er auf unterschiedliche Stellen der Erde zeigt: »Zum Beispiel: Nordamerika wird sehr wohlhabend, aber Südamerika sehr arm sein. Dort habe ich einen Kontinent mit weißen Leuten, hier mit schwarzen. Manche Länder werden sehr warm und trocken sein, andere werden mit dickem Eis bedeckt sein.«
Gabriel ist von Gottes Arbeit zutiefst beeindruckt. Er guckt sich die Erde genauer an und fragt: »Und was ist das hier?«
»Das«, sagt Gott, »ist die Schweiz! Die beste Stelle auf der ganzen Erde. Nette Leute, traumhafte Seen und Wälder, idyllische Berglandschaften, und es wird ein Zentrum für Kultur und Geselligkeit werden. Die Leute aus der Schweiz werden nicht nur schöner, sie werden intelligenter, humorvoller und leistungsfähiger sein.«
Gabriel ist sehr angetan, fragt aber: »Herr, was ist mit dem Gleichgewicht? Du hast doch gesagt, überall wird Gleichgewicht sein!«
Gott: »Keine Sorge – nebenan ist Deutschland.«

Dialog bei der Erschaffung des Menschen:
Assistent: »Und, ist er gut so?«
Gott: »Mach noch einen kleinen Zeh dran.«
Assistent: »Wofür?«
Gott: »Für die Möbel.«
Assistent: »Häh, Möbel?«
Gott: »Vertrau mir, das wird lustig.«

Der liebe Gott hat die Schöpfung vor. Am ersten Tag schuf er Licht und Finsternis, am zweiten Tag den Himmel, am dritten Tag alle Dinge, die wir brauchen – das Wasser, die Luft zum Atmen usw. Am sechsten Tag schuf er den Menschen, und der heilige Geist sagte: »Wahnsinn! Toll! Sooo toll! Und jetzt wünsch ich mir, dass man auf der Erde an jeder Ecke einen perfekten Mann trifft.« Und dann machte der liebe Gott die Erde rund.

Was sagte der liebe Gott, als er Adam erschuf?
»Das kriege ich noch besser hin.«
Was sagte der liebe Gott, als er Eva erschuf?
»Übung macht den Meister.«

Was waren Evas erste Worte im Paradies?
»Ich hab nichts anzuziehen!«

Adam sitzt im Paradies. Ihm ist langweilig, und so sagt er eines Tages zum lieben Gott: »Kannst du mir nicht jemanden machen, der nett, schön, intelligent und zum Liebhaben ist?«
Gott: »Selbstverständlich, dafür bräuchte ich allerdings deinen rechten Arm und dein linkes Bein!«
Nach kurzem Überlegen fragt Adam: »Was krieg ich denn für eine Rippe?«

Wenn Gott eine Frau wäre: Was hätte er nach dem »Es werde Licht« gesagt?
»Wie sieht es denn hier aus?!«

Petrus will ein neues Himmelstor errichten lassen und bittet um Angebote. Als Erster meldet sich ein Pole und will dreitausend Euro: je tausend für die Arbeitszeit, für die Materialkosten und als Gewinn.
Als Zweiter kommt ein Italiener und fordert sechstausend Euro: je zweitausend für Arbeit und Material und als Gewinn.
Als Dritter kommt ein Deutscher und verlangt für gute deutsche Wertarbeit neuntausend Euro.
»Warum so viel?«, fragt Petrus entgeistert.
»Dreitausend sind für dich und dreitausend für mich«, erläutert der Deutsche. »Und für die restlichen dreitausend lassen wir den Polen die Arbeit machen.«

Noah hat einen Kontrollgang auf der Arche gemacht und fragt seine Frau: »Sag mal, hatten wir nicht zwei Gänse mitgenommen? Ich habe eben durchgezählt und nur eine gesehen!«

»Natürlich nur eine!«, versetzt seine Frau. »Hast du denn vergessen, dass wir Weihnachten hatten?«

Drei Handwerker diskutieren über das Alter ihres Berufes. Jeder glaubt den älteren zu haben.
Sagt der Maurer: »Ich habe den ältesten Beruf, wir Maurer haben schon den Turm zu Babel gebaut!«
Trumpft der Gärtner auf: »Das ist noch gar nichts. Mein Beruf ist noch älter, wir Gärtner haben schon den Garten Eden gepflanzt!«
Der Elektriker winkt ab: »Ach was! Die Elektriker sind die ältesten: Als Gott sprach, es werde Licht, da hatten wir schon vorher die Leitungen verlegt.«

»**Du** sollst mein Volk aus Ägypten herausführen!«, sprach der Herr zu Moses. »In welches Land willst du es bringen?« Moses, der der Überlieferung nach stotterte, antwortete: »I-Ich wi-will na-nach Ka-ka-ka…«
»Also, Kanaan ist heiß und dürr und von Feinden umgeben, aber wenn du nach Kanaan willst, will ich euch auch dorthin führen!«, sprach der Herr.
»Ach, diese lästige Stotterei!«, ärgerte sich Moses im Stillen, »eigentlich wollte ich doch nach Kalifornien!«

Moses steigt vom Berg Sinai herab, um dem Volk Gottes Gebote zu verkünden: »Leute, ich habe eine gute und eine schlechte Nachricht. Die gute: Ich hab ihn runter auf zehn. Die schlechte: Ehebruch ist immer noch dabei!«

Jesus, Petrus und ein bärtiger alter Mann spielen Golf. Petrus holt aus, schlägt den Ball und locht ein. Danach legt sich Jesus seinen Ball zurecht, holt aus, schlägt und locht ebenfalls ein. Nun ist der alte Mann an der Reihe. Sein Ball fliegt weit abseits in ein Waldstück. Da springt aus dem Unterholz ein Eichhörnchen mit dem Golfball im Maul. Ein Adler stürzt vom Himmel, packt das Eichhörnchen und schraubt sich in die Höhe. Aus heiterem Himmel trifft ein Blitz den Adler, der das Eichhörnchen fallen lässt. Das landet genau neben dem Loch, öffnet das Maul, und der Ball rollt hinein. Petrus stößt Jesus an: »Ich hasse es, mit deinem Vater zu spielen.«

Eine Gruppe von Wissenschaftlern geht zu Gott und teilt ihm mit: »Wir brauchen dich nicht mehr. Wir können jetzt selber Menschen erschaffen!«
Gott erwidert: »Meinetwegen. Wie wäre es mit einem Wettbewerb? Messen wir uns im Menschen machen!«
»Einverstanden«, sagen die Wissenschaftler. Einer von ihnen bückt sich und hebt eine Handvoll Dreck auf.
Da schüttelt Gott den Kopf: »Nein, so geht das nicht. Euren Dreck müsst ihr euch schon selber machen!«

Maria und Joseph suchen in Bethlehem dringend ein Zimmer, doch überall ist ausgebucht. Schließlich versuchen sie es in einer schäbigen Absteige am Stadtrand. Der Wirt mürrisch: »Was wollen Sie?«
»Wir brauchen ein Doppelzimmer.«
»Nichts frei.«
»Aber meine Frau ist in anderen Umständen!«
»Na und?«, raunzt der Wirt, »damit habe ich doch nichts zu tun!«
Joseph: »Ich etwa?!«

Die Weisen aus dem Morgenland treffen am Stall zu Bethlehem ein. Einer geht geradewegs auf die Krippe zu und tritt dabei in einen Kuhfladen. Als er sich die Bescherung ansieht, schreit er »Jesus Christus!« Da dreht sich die Frau an der Tür zu ihrem Mann um: »Du, Joseph, ich glaube, das ist ein besserer Name als Karl-Heinz!«

Im Himmel sind Wahlen. Es gehört sich, dass alle die christliche Einheitspartei wählen. Doch die Auszählung fördert eine sozialistische Stimme zutage. Es kann nur der heilige Joseph gewesen sein, der Schutzpatron aller arbeitenden Menschen. Er wird zur Rede gestellt. »Natürlich war ich das«, bekennt der heilige Joseph freimütig, »und wenn ihr hier keine Opposition zulassen wollt, nehme ich meine Frau und das Kind aus dem Betrieb, und dann könnt ihr den Laden dichtmachen!«

Der Jungfrau Maria ist langweilig im Himmel. Sie fragt Gott: »Darf ich mal für drei Tage auf die Erde?«
Gott: »Meinetwegen. Aber du musst mich jeden Abend anrufen!«
Am ersten Abend meldet sie sich: »Hallo, hier ist die Jungfrau Maria. Ich habe mir einen Minirock gekauft, ist das schlimm?«
»Nein, das ist nicht schlimm«, antwortet Gott. »Aber melde dich morgen wieder.«
Am nächsten Abend der zweite Anruf: »Hallo, hier ist die Jungfrau Maria. Ich war auf einer Party, ist das schlimm?«
Gott: »Nein, das ist nicht schlimm.«
Am dritten Abend wieder der Anruf: »Hallo, hier ist Maria, ist das schlimm?«

Jesus trifft zwei Kiffer, die einen Joint rauchen. Er fragt: »Was habt ihr da?« – »Einen Joint. Probier mal!«
Jesus nimmt einen tiefen Zug und ruft verzückt: »Danke, Jungs! Ich bin übrigens Jesus.« Schreien die Kiffer begeistert: »Yeah, Mann, yeah! So soll's sein!«

Kommt Jesus von einer Reise zurück. Seine Jünger feiern gerade eine wilde Party.
Meint Jesus: »Was soll das denn? Das dürft ihr doch gar nicht! Und woher habt ihr das Geld für das Ganze?«
Darauf die Jünger: »Ach, der Judas hat da irgendwas verkauft!«

Im Himmel steht der jährliche Betriebsausflug an. Man sammelt Vorschläge. Der erste: Bethlehem. Maria wendet ein: »Ich weiß von früher, dass es äußerst schwer ist, dort eine Unterkunft zu finden.« Zweiter Vorschlag: Jerusalem. Das lehnt Jesus ab: »Da habe ich ganz schlechte Erfahrungen gemacht.« Nächster Vorschlag: Rom. Alle üben große Zurückhaltung, doch der Heilige Geist ist begeistert: »Herrlich, Rom! Da war ich noch nie!«

Jesus sieht eine Menschenmenge hinter einer Frau herrennen. »Was ist hier überhaupt los?«, fragt er.
»Diese Frau wurde des Ehebruchs überführt, und das Gesetz sagt, dass sie gesteinigt werden soll!«, erwidert einer aus der Menge.
»Wartet!«, ruft Jesus und hebt beschwichtigend die Arme. »Derjenige, der ohne Sünde ist, werfe den ersten Stein!« Plötzlich fliegt ein Stein in Richtung der Sünderin.
»Also Mutter, halt du dich da bitte raus!«, schreit Jesus, »ich versuche hier, was zu erklären!«

Joseph kommt nach Hause und berichtet traurig seiner Frau vom Sterben Jesu, von der Kreuzabnahme und auch davon, dass er den Leichnam Jesu in sein neues Felsengrab legen ließ. Seine Frau fragt: »In das neue teure Felsengrab, das du erst anfertigen lassen hast?«
Joseph daraufhin: »Ja, aber reg dich nicht auf, es ist ja nur für ein Wochenende.«

Das heilige Abendmahl. Jesus steht auf und spricht: »Lasset uns trinken auf Johannes, der schon tausend Menschen getauft hat.« Es wird nachgeschenkt. Wieder steht er auf und spricht: »Lasset uns trinken auf Petrus, der wie ein Fels in der Brandung steht.« Wieder trinken alle aus. Und ein weiteres Mal steht der Gottessohn auf und spricht zu den Jüngern: »Und jetzt lasset uns trinken auf Judas, der mich dereinst verraten wird.« Darauf Judas: »Jesus, hör auf. Jedes Mal, wenn du was getrunken hast, fängst du an zu stänkern …«

Jesus geht durch die Wüste und trifft einen alten Mann.
Jesus: »Was machst du so alleine in der Wüste?«
Alter Mann: »Ich suche meinen Sohn.«
Jesus: »Wie sieht er denn aus?«
Alter Mann: »Er hat Nägel durch Hände und Füße.«
Jesus: »Vater!«
Alter Mann: »Pinocchio!«

Stehen drei Männer auf dem Dach einer Kirche. Sagt der erste: »Tolles Wetter zum Fliegen.« Er springt und hat eine weiche Landung. Sagt der zweite: »Finde ich auch.« Sprung – weiche Landung.
Denkt der dritte: »Was die können, kann ich auch.« Sprung.
Sagt der erste zum zweiten: »Für Engel sind wir aber gemein!«

DER HIRTE UND SEINE HERDE

Ein Kirchturm ist vom Blitz getroffen worden und abgebrannt. Der Pfarrer sammelt für den Wiederaufbau. Ein alter Bauer, darauf angesprochen, ob er nicht etwas spenden wolle, antwortet: »Nein, Hochwürden, für einen Hausherren, der sein eigenes Haus anzündet, geb ich nichts …«

Ein Witwer will wieder heiraten, aber der Pfarrer wendet ein: »Deine Frau ist erst seit einem halben Jahr tot, und alt bist du außerdem.«
»Herr Pfarrer«, versetzt der Mann, »wozu brauchen Sie denn Ihre Haushälterin?«
»Na, zum Kochen, Waschen, Putzen etc.«
»Eben, Herr Pfarrer, wegen dieses etc. möchte ich wieder heiraten.«

Ein Tourist möchte mit der Fähre über den See Genezareth setzen. Sagt der Fährmann: »Das macht 50 Dollar!«
Darauf der Tourist: »Das ist aber reichlich teuer!«
Der Fährmann: »Bedenken Sie, das ist der See, über den Jesus zu Fuß gegangen ist!«
Der Tourist resignierend: »Kein Wunder – bei den Preisen!«

In einem Eisenwarenladen steht ein großes Kreuz mit Jesus. Darunter steht »Lehmanns Nägel halten ewig«.
Kommt ein Pastor vorbei, sieht das Schaufenster und sagt zum Inhaber, das es pietätlos sei und so nicht gehe.
Vierzehn Tage später kommt der Pastor wieder vorbei und sieht ein leeres Kreuz, unter dem Jesus am Boden liegt, daneben ein Schild: »Mit Lehmanns Nägeln wär das nicht passiert.«

Ein Jäger hat einen Hund, der über Wasser laufen kann. Er lädt einen Jagdfreund, den er beeindrucken will, zur Entenjagd ein. Sie fahren auf den See hinaus. Als der Jäger die erste Ente geschossen hat, springt sein Hund aus dem Boot, läuft übers Wasser, schnappt die Ente, läuft zurück und springt ins Boot. Der Jagdfreund sagt nichts. Der Jäger schießt die zweite Ente, der Hund springt wieder aus dem Boot, läuft übers Wasser, schnappt die Ente, läuft zurück und springt ins Boot. Wieder sagt der Mann nichts. Nach dem dritten Mal hält es der Jäger nicht mehr aus: »Ist dir an meinem Hund nichts aufgefallen?«, fragt er.
»Na ja«, antwortet der Jagdfreund, »ich wollte nichts sagen – aber dein Hund kann gar nicht schwimmen.«

»**Es** freut mich, dass ich Sie gestern mal wieder in der Kirche gesehen habe«, sagt der Pfarrer zu einem ortsbekannten Trunkenbold.
»Was«, sagt der, »in der Kirche war ich auch?«

Ein Amerikaner bereist mit seiner Frau und der Schwiegermutter Israel, um die Stätten Jesu zu besuchen. Da stirbt die Schwiegermutter. Man erklärt dem Amerikaner, man könne den Leichnam für zehntausend Euro in die USA überführen oder für fünfhundert Euro hier in Israel beisetzen. Der Mann ohne langes Nachdenken: »Sie wird überführt!«
Bestatter: »Sind Sie sicher? Das kostet sehr viel, überlegen Sie es sich.«
»Nein! Vor zweitausend Jahren wurde hier jemand beerdigt, der nach drei Tagen wiederauferstanden ist. Das Risiko gehe ich nicht ein!«

Der Frauenarzt nach der Untersuchung zu der jungen Dame: »Nun, liebe Frau, wenn Sie Ihren Mann sehen …«
»Ich bin nicht verheiratet, Herr Doktor.«
»Gut, wenn Sie also heute Abend Ihren Verlobten sehen …«
»Ich bin nicht verlobt.«
»Auch gut, dann eröffnen sie eben Ihrem Freund …«
»Ich habe keinen Freund und überhaupt nie in meinem Leben etwas mit einem Mann gehabt!«
Da steht der Arzt nachdenklich auf, geht zum Fenster und schaut hinaus. Fragt die Patientin: »Herr Doktor, warum schauen Sie so angespannt aus dem Fenster?«
Der Arzt: »Ich warte. Beim letzten Mal, als so etwas passierte, ging ein Stern im Osten auf.«

Ein Reicher, der im Sterben liegt, zählt noch einmal seine Goldmünzen und seufzt: »Ach, Herr Pfarrer, warum darf man die nicht mit hinübernehmen?«
»Weil sie schmelzen würden!«

Es ist Schabbat. Ein Jude bietet in Tiberias auf der Straße eine Hose zum Kauf an: »Seht diese wunderschöne Hose! Zum halben Preis gehört sie euch!«
Ein Passant empört sich: »Schämst du dich nicht, am Schabbat Geschäfte zu machen?«
Entrüstet ruft der Händler: »Ich biete die Hose zum halben Preis an, und der nennt das Geschäft!«

Kommt ein Mann zur Beichte: »Hochwürden, in der letzten Nacht habe ich siebenmal gesündigt.«
»Mein Gott, wer war denn die Frau?«
»Meine eigene.«
»Aber, mein Sohn, dann war es doch keine Sünde.«
»Ich weiß, Hochwürden, aber irgend jemandem musste ich es einfach erzählen …«

Die lebenslustige Dame flüstert im Beichtstuhl mit versagender Stimme: »Ich muss bekennen, dass ich für einen jungen Mann viel Achtung gehabt habe …«
»Wie oft?«, fragt der Beichtvater.

Sigmund Jähn wird nach seiner Rückkehr vom Weltraumflug im Sternenstädtchen von Staats- und Parteichef Breshnew empfangen. Endlich kann Breshnew die Frage stellen, die er sich den sowjetischen Kosmonauten nicht zu stellen getraute. Er nimmt Jähn zur Seite: »Sag, Towarisch Jähn, hast du da oben Gott gesehen?« – »Ja, das habe ich.« – »Oh, das dachte ich mir. Aber versprich mir, es nicht weiterzusagen!«

Jähn bekommt auch eine Privataudienz beim Papst. Am Ende schickt der Papst die Kardinäle raus und fragt: »Mein Sohn, hast du dort oben Gott gesehen?« – »Nein, das habe ich nicht.« – »Oh, das dachte ich mir. Aber versprich mir, es nicht weiterzusagen!«

Daheim in Berlin findet ein Bankett mit der DDR-Führung statt. Honecker nimmt Jähn beseite: »Hast du da oben Gott gesehen?« – »Ja, das habe ich.« – »Ah, das dachte ich mir. Und – sieht er mir ein bisschen ähnlich?«

Seit Wochen herrscht in einer kleinen italienischen Gemeinde eine ungewöhnliche Dürre. Die gläubige Gemeinde schickt eine Abordnung zum Pfarrer: Er möge doch, um die Ernte zu retten, Bittgebete zum Himmel richten. Doch der Pfarrer entgegnet empört: »Ihr Ungläubigen! Ihr wollt, dass ich für euch den langersehnten Regen erbitte, aber nicht einer von euch hat den Regenschirm für den Rückweg mitgebracht!«

Kommt ein Mann zur Beichte. »Herr Pfarrer, ich habe gesündigt. Ich habe mit der Frau meines Freundes geschlafen.«
»Wie oft, mein Sohn?«
»Herr Pfarrer, ich bin gekommen, um zu beichten, nicht, um zu prahlen.«

Jeden Samstagabend betet ein Mann vor dem Fernseher: »Lieber Gott, bewirke ein Wunder und lass mich im Lotto gewinnen!« So geht das seit zwanzig Jahren. Als der Mann eines Tages wieder zu beten anhebt, hält Gott es nicht mehr aus und ruft: »Gib mir eine Chance! Kauf dir ein Los!«

Der Rabbi erzählt: »Eines Tages fand ein armer Holzfäller einen Säugling im Wald. Wie sollte er ihn ernähren? Er betete zu Gott, und da geschah das Wunder: Dem Holzhacker wuchsen Brüste, so dass er das Kind säugen konnte.«
»Rabbi«, wendet ein Jünger ein, »die Geschichte gefällt mir nicht. Warum diese ausgefallene Sache mit den Brüsten bei einem Mann? Wäre es nicht einfacher, wenn Gott ihm einen Beutel Gold neben den Säugling gelegt hätte, damit er eine Amme engagieren konnte?«
Der Rabbi denkt einen Moment nach, dann hat er die Antwort: »Falsch! Warum soll Gott ausgeben bares Geld, wenn er auskommen kann mit einem Wunder?«

Ein Missionar wird von einem Rudel Löwen angegriffen. An Flucht ist nicht zu denken. Da fällt er auf die Knie, schließt die Augen und betet: »Lieber Gott, verschone mich und gib mir ein Zeichen deiner Gnade! Mach aus diesen Löwen echte Christen!«
Als er die Augen wieder öffnet, sitzen die Löwen im Kreis um ihn herum, falten die Pfoten und beginnen zu beten. Der Missionar ist überglücklich: Gott hat ihn erhört und ein Wunder getan! Da vernimmt er, was die Löwen beten: »Komm, Herr Jesus, sei unser Gast, und segne, was du uns bescheret hast.«

Ein Sammler alter Bibeln trifft einen Freund, der erzählt, er hätte gerade eine alte Bibel weggeworfen. »Irgend so eine Guten…«, meint er.
»Doch nicht etwa eine alte Gutenberg«, fragt der Bibelsammler entsetzt, »so eine Bibel kostet bei einer Auktion drei Millionen!«
Entgegnet der Freund: »Meine Gutenberg war keinen Cent wert. Irgendein Martin Luther hat nämlich die Seitenränder mit seinen Bemerkungen vollgekritzelt …«

Der Pfarrer in der Konfirmationsstunde: »Was werden sich die Gäste bei der Hochzeit zu Kana wohl gedacht haben, als Jesus das Wasser in Wein verwandelt hat?«
Konfirmand: »Sie werden gedacht haben: Den laden wir auch mal ein!«

Ein Bergsteiger rutscht aus und kann sich im letzten Augenblick an einem Felsvorsprung festhalten. Langsam schwinden seine Kräfte. Verzweifelt blickt er zum Himmel empor und fragt: »Ist da oben jemand?«
Von oben ertönt eine gewaltige Stimme: »Ja!«
»Was soll ich tun?«
»Sprich ein Gebet und lass los!«
Der Bergsteiger nach kurzem Überlegen: »Ist da noch jemand?«

Der Pastor knöpft sich den größten Säufer der Gemeinde vor: »Mein Lieber, wann willst du endlich aufhören zu saufen?«
»Herr Pastor, dafür ist es zu spät.«
»Dafür ist es nie zu spät!«
»Dann warte ich noch, Herr Pastor.«

Ein Mann kommt zur Beichte. Fragt der Priester: »Mein Sohn, wirst du von unkeuschen Gedanken geplagt?«
»Im Gegenteil«, antwortet der Mann, »sie machen mir Vergnügen.«

Gebet zum Neuen Jahr: »Lieber Gott! Bitte mach meine Taille schlanker und mein Bankkonto fetter. Und bitte, bitte, verwechsle es nicht wieder wie letztes Jahr!«

Ein Pfarrer fährt zu schnell und wird von einer Polizeistreife angehalten. Der Polizist riecht Alkohol und erblickt eine leere Weinflasche auf dem Wagenboden.
»Sagen Sie, haben Sie etwas getrunken?«
Der Pfarrer: »Nur Wasser!«
Der Polizist: »Und warum rieche ich dann Wein?«
Der Pfarrer schaut auf die leere Flasche: »Mein Gott, Er hat es wieder getan!«

Ein junger Mann sitzt im Zug und liest in der Bibel. Plötzlich preist er laut Gott. Sein Sitznachbar fragt, was denn los sei. Der junge Mann: »Ich lobe Gott, weil er sein Volk mitten durchs Rote Meer geführt hat! Ein Wunder!«
»Was soll daran ein Wunder sein?«, versetzt der Fahrgast, »das Wasser war nur dreißig Zentimeter tief!«
Der junge Mann liest weiter, nach einer Weile preist er abermals laut Gott. »Ein Wunder! Gott ertränkte die gesamte ägyptische Armee, obwohl das Wasser nur dreißig Zentimeter tief war!«

»Bisher«, erzählt ein Baptist, »gab es hier bei uns zwei Gemeinden: eine Baptistenkirche und eine Mennonitenkirche. Aber dann hat der Wind der Einheit geweht, und wir haben uns vereinigt.«
»Dann gibt es bei Ihnen jetzt eine einzige Gemeinde?«
»Nein, drei. Eine Baptistengemeinde, eine Mennonitengemeinde und eine Vereinigte Gemeinde.«

Ein Mann fliegt auf die Kanarischen Inseln. Seine Frau soll am nächsten Tag nachkommen. Im Hotel angelangt, schreibt er ihr eine kurze E-Mail, vertippt sich aber bei der Adresse. Seine Mail geht an eine alte Pastorengattin, deren Ehemann am Tag zuvor gestorben ist. Als die trauernde Witwe ihre elektronische Post durchsieht, schreit sie auf und sinkt tot zu Boden – Herzschlag.

Ihre Angehörigen stürzen aus dem Nebenraum herbei und lesen auf dem Bildschirm: »Liebste Frau, ich bin eben angekommen. Alles ist für deine Ankunft bereit. Dein dich unendlich liebender Ehemann. PS: Wahnsinnig heiß hier!«

Ein Atheist angelt auf einem See. Plötzlich wird sein Boot von einem Seeungeheuer angegriffen. Mit einem einzigen Flossenhieb schleudert es Boot und Mann dreißig Meter hoch in die Luft und öffnet sein riesiges Maul, um die Beute zu verschlucken. Kopfüber stürzt der Mann darauf zu und schreit: »O Gott! Hilf mir!« Mit einem Mal erstarrt die Szene, und eine Stimme dröhnt aus den Wolken: »Ich dachte, du glaubst nicht an mich!«

Der Atheist: »Gott, verzeih mir! Bis eben glaubte ich auch nicht an Seeungeheuer!«

Gebet eines älteren Mädchens: »Lieber Gott, ich will ja nichts für mich, aber gib meiner armen alten Mutter endlich einen schönen starken Schwiegersohn.«

Ein reicher Mann fragt den Pfarrer: »Glauben Sie, dass ich in den Himmel komme, wenn ich der Kirche zwanzigtausend Euro spende?«
»Garantieren kann ich es nicht«, erwidert der Pfarrer, »aber einen Versuch ist es wert!«

Unterhalten sich zwei. »Ich sehe nicht ein, dass ich die viele Kirchensteuer zahle«, schimpft der eine. »Unser Pfarrer predigt doch, der liebe Gott habe uns seinen Sohn geschenkt!«
»Das stimmt«, pflichtet der andere bei, »aber du vergisst den Zwischenhandel.«

Ein alter Pfarrer weiht seinen jungen Nachfolger ein, wie er mit seinem niedrigen Gehalt klarkommen kann.
»Ab und zu musst du halt die Zeche prellen! Ich zum Beispiel gehe um elf essen, weil dann Schichtwechsel ist, und wenn der zweite Kellner kommt, sage ich, dass ich bereits bezahlt habe. Weil ich im Talar bin, glaubt er es.«
»Klasse«, meint der andere, »da gehen wir mal gemeinsam hin!«
Gesagt, getan. Sie tafeln opulent, und als der neue Kellner kommt, um zu kassieren, sagt der alte Pfarrer: »Wir haben bereits bei Ihrem Vorgänger bezahlt!«
Der junge: »Und auf das Wechselgeld warten wir immer noch!«

DIE SCHÄFCHEN UNTER DEN SCHAFEN

»Wie heißt das siebente Gebot?«, fragt der Pfarrrer.
Schüler: »Sie sollen nicht stehlen!«
»Na, richtiger wäre: Du sollst nicht stehlen.«
»Ich wusste nicht, dass ich Sie duzen darf.«

»Du hast ja einen Engel mit drei Flügeln gemalt!«, sagt der Pfarrer im Kommunionsunterricht zu einem Kind, »hast du schon mal einen dreiflügeligen Engel gesehen?!«
»Nein, aber haben Sie schon mal einen mit zwei Flügeln gesehen?«

Der Pfarrer zum Kind: »Wie ich hörte, spricht deine Mutter jeden Abend ein Gebet für dich. Das ist gut. Was sagt sie denn in dem Gebet?«
Der Junge: »Gott sei Dank, jetzt ist er im Bett.«

»Was«, fragt der Religionslehrer, »müsst ihr als Erstes tun, damit euch eure Sünden vergeben werden?«
Schüler: »Sündigen!«

Hein Hansen aus Friesland kommt mit einer Fünf im Religionstest nach Hause. Der Vater ist entrüstet und geht am nächsten Tag in die Schule. Er fragt den Religionslehrer nach dem Grund für die Fünf.
Lehrer: »Sehen Sie mal, Herr Hansen, ihr Sohn wusste nicht einmal, dass Jesus gestorben ist.«
Vater: »Mann, wir wohnen hinterm Deich, ohne Fernseher. Ich wusste nicht mal, dass er krank war!«

Das Kind gibt die Schöpfungsgeschichte wieder: »Am Anfang war das Nichts. Dann schuf Gott das Licht. Da war dann immer noch nichts, aber jeder konnte es sehen.«

Fritzchen wird von seinen Eltern atheistisch erzogen, entscheidet aber, in der Schule einmal an einer Religionsstunde teilzunehmen. Er hört interessiert zu. Am Abend fragt er seinen Vater: »Du, Papa, weiß der liebe Gott eigentlich, dass es ihn nicht gibt?«

Der Religionslehrer erzählt den Kindern von der Verkündigung Mariä: »Maria sitzt in ihrer Kammer, als sich plötzlich die Tür auftut, und herein tritt mit zwei langen weißen Flügeln …«
»Ich weiß schon, ich weiß schon!«, meldet sich ein kleines Mädchen, »das war der Klapperstorch!«

»**Hinten** anstellen«, ermahnt die Verkäuferin zwei Ministranten, die sich in der Drogerie vordrängen.
»Schnell«, japsen die beiden völlig außer Atem, »wir können nicht warten – beim Zeltlager ist der Herr Pfarrer gerade in ein Wespennest getreten.«
»Also gut«, beruhigt sie die Verkäuferin, »ich gebe euch schnell eine Salbe.«
»Warum eine Salbe?«, protestieren die beiden, »einen Farbfilm bitte!«

Zwei Pfarrer reden über den Konfirmandenunterricht.
»Die Jugend wird immer dümmer«, klagt der eine. »Da habe ich gestern gefragt, wer die vier Evangelisten seien, und ein Junge antwortet: David und Goliath.«
Beschwichtigt ihn sein Kollege: »So schlimm ist es auch wieder nicht. Immerhin wusste er die Hälfte!«

Im Religionsunterricht sagt der Lehrer: »Heute erkläre ich euch, wie der erste Mensch entstanden ist.«
Meldet sich Fritzchen: »Interessanter wäre es zu wissen, wie der dritte Mensch entstanden ist.«

Das Kind hat sich das Knie aufgeschlagen. Die Mutter tröstet es: »Der liebe Gott heilt das ganz schnell.«
Meint das Kind: »Muss ich rauf, oder kommt er runter?«

Der Pfarrer fragt im Konfirmandenunterricht Bibelkunde ab. »Wer hat die Mauer von Jericho zerstört?« Kevin antwortet: »Keine Ahnung. Ich war es jedenfalls nicht!«
Beim Gemeindeabend beschwert sich der Pfarrer bei Kevins Vater über die Antwort und kriegt von ihm zu hören: »Wenn mein Junge das sagt, stimmt das auch!«
Bei der nächsten Synode klagt der Pfarrer dem Superintendenten sein Leid. Sagt der Superintendent: »Regen Sie sich doch nicht so auf. Wir holen einfach einen Kostenvoranschlag ein und reparieren die verdammte Mauer!«

Im Religionsunterricht will der Lehrer über das Abendgebet sprechen: »Fritzchen, was machst du vor dem Schlafengehen?« – »Ich putze mir die Zähne.« – »Schön, und was machst du vor dem Einschlafen?« – »Ich lese noch im Bett.« – »Gut, aber das meine ich nicht«, sagt der Lehrer und versucht es anders: »Was machen denn deine Eltern vor dem Einschlafen?« – »Herr Lehrer, Sie wissen es, ich weiß es, aber sagen Sie: Ist das eine Frage für die erste Klasse?«

»Weißt du eigentlich, was mit kleinen Jungen passiert, die am Sonntagmorgen nicht in die Kirche kommen und stattdessen lieber Fußball spielen?«, fragt der Pfarrer. »Selbstverständlich«, sagt der Junge, »eines Tages spielen sie in der Bundesliga und verdienen Millionen!«

Ständig werden dem Pastor Äpfel aus dem Obstgarten geklaut. Er stellt ein Schild auf: »Gott sieht alles!« Am nächsten Tag steht darunter: »Aber er petzt nicht!«

Im kirchlichen Kindergarten. Die geistliche Schwester gibt den Kleinen ein Rätsel auf: »Was wird das wohl sein: Es ist braun, hat einen langen, buschigen Schwanz und springt im Wald von Ast zu Ast?«
Meldet sich ein Dreikäsehoch: »Eigentlich müsste das ein Eichhörnchen sein, aber wie ich den Laden hier kenne, ist es bestimmt wieder das liebe Jesulein.«

Drei Konfirmanden unterhalten sich, wer den liberalsten Pfarrer hat. Prahlt der erste: »Unser Pfarrer hält Tanzkurse in der Kirche ab!«
Der zweite: »Unserer isst am Karfreitag vor der ganzen Gemeinde eine Schweinshaxe!«
Darauf der dritte: »Pah! Unser Pfarrer hängt Weihnachten ein Schild an die Kirchentür: Wegen der Feiertage geschlossen!«

»Verlangen deine Eltern von dir, dass du vor dem Essen betest?«, erkundigt sich der Pfarrer.
»Nö«, schüttelt das Kind den Kopf, »meine Mutter kocht eigentlich recht gut!«

HIMMEL ODER HÖLLE

Ein uraltes Ehepaar kommt in den Himmel. Petrus führt sie herum und zeigt ihnen alle Herrlichkeiten. Die Frau ist begeistert, der Mann wird immer mürrischer. Schließlich fährt er seine Frau an: »Du immer mit deiner gesunden Ernährung! Das hätten wir alles schon vierzig Jahre früher haben können!«

George W. Bush, Barack Obama und Donald Trump sind gestorben und stehen vor Gott.
Gott fragt Bush: »Woran glaubst du?«
Bush antwortet: »Ich glaube an den freien Handel, an ein starkes Amerika und an die Nation.«
Gott sagt: »Na schön, komm zu meiner Rechten!«
Dann fragt er Obama: »Woran glaubst du?«
Obama antwortet: »Ich glaube an die Demokratie, an die Hilfe für die Armen und an den Weltfrieden.«
Gott: »Wunderbar! Komm zu meiner Linken!«
Schließlich fragt er Trump: »Und woran glaubst du?«
Trump antwortet: »Ich glaube, du sitzt auf meinem Stuhl!«

Ein Arzt stirbt und macht sich auf den Weg in den Himmel. Petrus hält ihn an: »Moment mal, so geht das hier aber nicht! Lieferanten nehmen den Hintereingang!«

Der Erzengel Gabriel erscheint einem berühmten Fußballspieler und sagt: »Ich habe eine gute und eine schlechte Nachricht für dich. Zuerst die gute: Du bist auserwählt, nach deinem Ableben in der himmlischen Fußballmannschaft zu spielen. Die schlechte: Du bist schon für nächstes Wochenende aufgestellt!«

Im Himmel klopft es an der Pforte. Petrus steht auf, geht an die Tür und fragt den Ankömmling: »Wie heißt du, mein Sohn? Woher kommst du?«
Der Mann antwortet: »Ich bin Max Meyer aus Ham …«, und schwupp, weg ist er. Petrus ist irritiert und legt sich wieder hin. Kurz darauf klopft es an der Tür, er geht hin, derselbe Mann steht davor.
»Ich bin Max Meyer aus Ham …«, und weg ist er.
Dasselbe passiert ein drittes Mal, woraufhin Petrus zu seinem Chef geht. »Gott, sag mal, was ist denn das? Dreimal schon steht ein Typ bei mir vor der Tür, sagt ›Ich bin Max Meyer aus Ham …‹ und verschwindet wieder.«
Gott: »Ach, das ist Max Meyer aus Hamburg, der liegt auf der Unfallstation und wird gerade wiederbelebt.«

Ein Patient erwacht aus der Narkose und sagt erstaunt: »Herr Doktor, Ihr Bart ist aber gewachsen, hat die Operation denn so lange gedauert?«
»Erstens trage ich schon immer Bart, und zweitens heiße ich Petrus.«

Mao Tse-tung ist gestorben und in den Himmel gekommen. Gott traut ihm nicht über den Weg und beauftragt Petrus mit seiner geistlichen Betreuung. Nach einer Woche ruft Gott Petrus zu sich und fragt, wie sich Mao an die himmlischen Verhältnisse gewöhnt habe.
»Er benimmt sich gut«, sagt Petrus mit Nachdruck.
»Wirklich?«, fragt Gott.
»Ja, wirklich gut – er gibt uns allen ein verpflichtendes Vorbild, großer Vorsitzender.«

Eine Nonne klingelt an der Himmelstür. Petrus stellt seine Routinefrage: »Wer bist du? Beruf?«
»Die Braut Jesu.«
Verblüfft wendet sich der heilige Petrus dem Erzengel Michael zu: »Sag mal, wusstest du, dass der Junior heiraten will?«

Ein junges Ehepaar trifft eine Vereinbarung: Wer zuerst stirbt, soll sich bei dem anderen melden und berichten, wie es ihm geht. Der junge Mann verunglückt tödlich, und eines Tages hört seine Frau seine Stimme.
»Nun, wie ist es bei dir?«, fragt sie.
»Alles«, schwärmt er, »ist Wonne und Sonnenschein!«
»Und was treibt ihr so?«
»Liebe, morgens, mittags und abends Liebe!«
»Was? Im Himmel?«
»Wieso Himmel? Ich bin ein Kaninchen in Kalifornien.«

Drei Freunde sterben bei einem Unfall und kommen in den Himmel. Da sie gute Christen waren, fragt Petrus sie: »Wenn du nun im Sarg liegst und die Trauernden sich um ihn versammelt haben, was hoffst du, werden sie über dich sagen?«
Der erste: »Dass ich ein guter Arzt und Vater war.«
Der zweite: »Dass ich ein großartiger Lehrer war, ein Vorbild für die Jugend.«
Der dritte: »Ich hoffe, sie sagen: ›Da! Da! Er bewegt sich!‹«

Die Grenze zwischen Himmel und Hölle ist von unbekannten Tätern beschädigt worden. Der Teufel schickt ein Telegramm an die Engel: »Unsere Rechtsanwälte hier unten meinen, dass der Himmel die Reparatur vornehmen muss.«
Die Engel antworten: »Müssen wir wohl. Können nämlich hier oben keinen Rechtsanwalt finden …«

Der Teufel besucht Petrus und fragt ihn, ob man mal ein Fußballspiel Himmel gegen Hölle planen sollte. Petrus lächelt überlegen und sagt: »Glaubst du, ihr habt auch nur die geringste Chance? Alle guten Fußballspieler kommen in den Himmel: Pele, Beckenbauer, Sparwasser, Maradona, Ronaldo …«
Der Teufel lächelt zurück: »Aber wir haben die Schiedsrichter!«

Angela Merkel ist gestorben. Der Erzengel Michael nimmt sie in Empfang: »Du hast die Wahl. Einen Tag wirst du in der Hölle sein und einen Tag im Himmel. Danach kannst du wählen, wohin du willst.«
Zuerst führt der Erzengel Angela Merkel in die Hölle. Dort trifft sie alle ihre Freunde, man spielt Tennis, geht in Restaurants und zu Partys, der Teufel selbst lacht und feiert mit. Am nächsten Tag führt der Engel Angela Merkel hinauf in den Himmel. Dort sitzen die Menschen in weißen Gewändern auf den Wolken und spielen Harfe.
»Schön und gut«, sagt Angela Merkel, »aber ich entscheide mich für die Hölle.«
Der Erzengel Michael nimmt sie wieder mit nach unten. Kaum hat Angela Merkel die Tür zur Hölle passiert, packen sie zwei Hände und werfen sie ins Feuer.
»Aber was ist mit Tennis, den Restaurants, den Partys?!«, schreit sie.
Darauf der Teufel: »Das war vor der Wahl!«

Ein Atheist stirbt und kommt in die Hölle. Der Teufel empfängt den Neuankömmling und führt ihn herum. Der kommt aus dem Staunen nicht heraus, er sieht Sonnenschein, Palmen am Meer, Strandpartys ... Sie schlendern weiter, als der Mann zwischen den Dünen ein großes Loch entdeckt. Neugierig blickt er hinab und erschrickt: Wimmernde nackte Menschen winden sich auf dem Grund, ein schreckliches rotes Feuer umlodert sie. Der Mann fragt den Teufel, was das sei. »Ach das«, winkt der Teufel ab, »das ist für die Christen, die wollen das so.«

Als Erich Honecker gestorben ist und in die Hölle kommt, stellt er zu seinem Erstaunen fest, dass es eine kapitalistische und eine sozialistische Hölle gibt. Er darf wählen. Also lässt er sich erst mal die kapitalistische zeigen. Dort stinkt es nach Schwefel, überall lodern Feuer, die Sünder werden gebraten, gesotten und gespießt. Honecker sieht sich nun die sozialistische Hölle an. Dort ist es kühl, die Teufel sitzen gelangweilt in der Ecke. »Was ist denn hier los«, fragt er. »Ach«, antwortet einer der Teufel, »mal fehlen die Kohlen, mal der Schwefel oder die Streichhölzer, und wenn mal alles da ist, muss der Heizer zum Parteilehrjahr.«

Der Pastor schimpft mit dem schwarzen Schaf seiner Gemeinde: »Du bist der größte Gauner weit und breit! Wie willst du jemals in den Himmel kommen?!«
»Ganz einfach«, versetzt der Sünder unbesorgt. »Wenn ich vor die Himmelstür komme, mache ich sie auf, mache sie wieder zu, mache sie auf, mache sie zu, mache sie auf, mache sie zu. Endlich wird Petrus wütend und sagt: ›Willst du nun rein oder raus?‹ Und dann gehe ich rein.«

Sherlock Holmes kommt in den Himmel und begrüßt Adam sofort mit Namen.
»Wie haben Sie mich denn so schnell erkannt?«, wundert sich Adam.
»Kombiniere: Sie sind der einzige Kerl ohne Bauchnabel!«

Ein Anwalt hat mit seiner Kanzlei Anlaufschwierigkeiten und beschwört den Teufel. Der kommt auch prompt und sagt: »Diese Woche haben wir ein Sonderangebot: Du kriegst perfekte Gesundheit, gewinnst jeden Prozess, bist für Frauen unwiderstehlich, dein Tennis-Aufschlag ist nicht zu erwischen, jeden Morgen weißt du schon die Aktienkurse vom nächsten Tag. Dafür bekomme ich sofort deine Frau und deine Kinder, und die werden auf ewig in der Hölle schmoren. Na, was sagst du?«

Der Anwalt stutzt, überlegt, zieht die Luft ein und sagt: »Moment mal. Irgendwo muss doch da ein Haken sein …«

Ein Deich an der Küste ist gebrochen, und die Flut steigt unaufhaltsam. Der Pastor aber sitzt an einem Fenster seines Hauses, und als die Nachbarn in einem Boot vorbeikommen, ruft er: »Fahrt ruhig weiter! Gott wird mich schon retten!«

Als das Wasser weiter steigt, wird ein Rettungsboot losgeschickt. Der Pastor sitzt am Fenster des ersten Stocks und ruft: »Fahrt weiter, Gott wird mich schon retten!«

Das Wasser erreicht die Hausdächer, und ein Hubschrauber kommt, um den Pastor zu holen. Der steht auf dem Dach, winkt und ruft: »Fliegt weiter, Gott wird mich schon retten!«

Das Wasser steigt, der Pastor ertrinkt, kommt in den Himmel und beschwert sich bei Gott: »Warum hast du mich nicht gerettet?«

Gott sieht ihn verwundert an und fragt: »Sind die beiden Boote und der Hubschrauber nicht angekommen?«

Lenin ist gestorben. Treffen sich Gott und Teufel an der Grenze zwischen Himmel und Hölle und beraten, wer Lenin aufnehmen soll. Keiner will ihn so richtig haben. Nach längerer Diskussion einigen sich die beiden, dass Lenin bei jedem eine einjährige Probezeit zu bestehen hat, bevor sie sich entscheiden. Zuerst nimmt der Teufel Lenin zu sich.

Nach einem Jahr treffen sich Teufel und Gott wieder an der gleichen Stelle. Gott fragt den Teufel: »Na, wie hat er sich denn so gemacht bei dir in der Hölle?« Der Teufel stöhnt: »Es ist nicht so gut gelaufen. Er hat alle kleinen Teufelchen zu jungen Pionieren gemacht.«

Lenin kommt nun zur Probezeit in den Himmel. Als das Jahr vorbei ist, erscheint der Teufel wieder an der vereinbarten Stelle. Aber Gott ist nicht da. Der Teufel wartet und wartet. Als ihm die Zeit zu lang wird, macht er sich auf, Gott zu suchen. Er findet ihn auch. Gedankenversunken starrt Gott auf ein Blatt Papier und murmelt etwas vor sich. Der Teufel sieht dem eine Weile zu und fragt schließlich ungeduldig: »Na erzähl schon, wie ist es mit Lenin gelaufen?« Darauf Gott: »Psst, sei still, ich muss mich auf unseren ersten Parteitag vorbereiten ...«

Nach seinem Ableben klopft Walter Ulbricht bei Petrus an die Tür. Dieser sieht ihn und ruft: »Du hast dich wohl verlaufen? Ab in die Hölle!«

Ein halbes Jahr später klopfen zwei Teufelchen bei Petrus an. Petrus: »Was wollt ihr? Ihr seid ganz falsch hier!«

Die Teufelchen: »Nein, wir sind die ersten Flüchtlinge ...«

Der Papst ist gestorben und klopft ans Himmelstor. Petrus fragt, wer er sei. »Ich bin der Papst!«
»Papst … Papst …«, murmelt Petrus, »ich habe niemanden mit diesem Namen in meinem Buch.«
Der Papst erklärt: »Ich bin der Vertreter des Christentums auf Erden!«
Da Petrus den Mann nicht kennt, holt er Gott an das Himmelstor. Doch auch Gott weiß von nichts und lässt Jesus kommen. Der unterhält sich mit dem Bittsteller, dreht sich schließlich zu Gott und Petrus um und sagt: »Stellt euch vor, der Anglerverein, den ich vor 2000 Jahren gegründet habe, den gibt's immer noch!«

Karl Marx kommt in die Hölle und macht sofort Revolution. Die Bewohner der Hölle sind begeistert, der Teufel ist verzweifelt und ruft Gott an: »Bitte, Gott, kannst du den Marx eine Weile bei dir im Himmel aufnehmen? Nur kurz. Ich verspreche, ich nehme ihn wieder.« Gott ist einverstanden. Zwei Wochen vergehen. Der Teufel hört nichts von Gott. Er greift zum Hörer und ruft im Himmel an: »Gott, willst du denn den Marx nicht wieder loswerden?« Sagt Gott: »Welcher Gott?«

Ein Nerz klopft an die Himmelstür. Petrus öffnet und sagt: »Weil man dir auf Erden nachgestellt hat, hast du einen Wunsch frei.«
Darauf der Nerz: »Ein Mäntelchen aus reichen Frauen!«

Kommt eine Ehefrau in den Himmel.
Petrus empfängt sie: »Warst du deinem Mann auch treu?«
»Ja, lieber Petrus!«
»Immer?«
»Ja, lieber Petrus.«
»Na fein, da bekommst du zwei weiße Flügelein.«
»Bin ich dann jetzt ein Engelein?«
»Nein, eine dumme Gans!«

Walter Ulbricht kommt in den Himmel.
Petrus: »Na, Walter, wohin soll ich dich denn schicken, in den Osthimmel oder in den Westhimmel?«
Ulbricht: »Mein ganzes Leben war ich Kommunist, und ich will auch nach meinem Tode meiner Überzeugung treu bleiben – also: Osthimmel.«
Petrus: »Gut, Walter. Aber zum Mittagessen kommst du rüber, denn für eine Person kochen wir nicht extra!«

Ein Mann im Himmel ist das ewige Harfenspiel leid. Petrus gibt ihm einen Tag Urlaub. Der Mann reist in die Hölle und findet dort Wein, Weib und Gesang. Auf der Stelle bittet er den Teufel um Asyl, das ihm gewährt wird. Im selben Augenblick eilen zwei Unterteufel herbei, schnappen sich den Mann und stecken ihn in einen Topf mit kochendem Öl. Auf seine Proteste antwortet der Teufel: »Es ist eben ein Unterschied, ob man als Tourist kommt oder als Asylant.«

Das Jüngste Gericht hat begonnen. Alle Menschen warten auf ihr Urteil. Jesus ruft: »Sünder gegen das erste Gebot – ab in die Hölle!« Und jeder Sünder gegen das erste Gebot wird von den Engeln Richtung Höllenrachen geschoben. Dann ruft Jesus: »Sünder gegen das zweite Gebot – ab in die Hölle!« So werden das dritte, vierte, fünfte Gebot der Reihe nach abgehakt. Beim sechsten Gebot »Du sollst nicht ehebrechen« wird die ganze Menschheit in Richtung Höllenrachen geschoben. Nur ein kleiner Pater bleibt als Einziger übrig. Da fleht die Muttergottes ihren Sohn an: Unmöglich könne er so viele Menschen verdammen. Jesus hat ein Einsehen und entscheidet: »Begnadigt!«

Da macht der kleine Pater ein verdrießliches Gesicht: »Das hätte man uns auch früher sagen können!«

Petrus zu einem Neuankömmling: »Ich finde in meinem Buch keine Eintragung, dass du in deinem Leben was Besonderes geleistet hast. Aber du musst eine gute Tat vorweisen, damit ich dich hereinlassen kann!«

Der Mann denkt kurz nach und sagt: »Ich habe gesehen, wie eine Horde Motorradrocker einer kleinen alten Frau die Einkaufstasche weggenommen hat. Da habe ich die Tasche einem der Rocker entrissen und sie der alten Frau zurückgegeben. Dann spuckte ich dem Anführer der Rocker ins Gesicht und beschimpfte die ganze Bande als Abschaum der Menschheit.«

Petrus ist beeindruckt: »Großartig! Wann war das?«

»Vor drei Minuten.«

RELIGIONEN UNTER SICH

Beim Papst klingelt das Telefon: »Hallo, hier spricht Gott. Ich habe eine gute und eine schlechte Nachricht.«
Der Papst: »Zuerst die gute Nachricht!«
Gott: »Ich habe beschlossen, die ganze Welt unter einem Glauben zu vereinen.«
Papst: »Großartig! Das ist genau das, wofür wir all die Jahre gearbeitet haben. Und die schlechte Nachricht?«
Gott: »Ich rufe aus Mekka an.«

Ein Rabbi betet zu Gott: »Lieber Gott, mein Sohn ist Christ geworden!«
Gott: »Ja und, meiner auch!«
Rabbi: »Und was hast du gemacht?«
Gott: »Ein Neues Testament geschrieben!«

An der Kreuzung einer protestantischen und einer katholischen Straße in Belfast eröffnet ein Mann aus Pakistan einen kleinen Lebensmittelladen. Er hat Kunden aus beiden Straßen. Eines Tages überfällt ihn ein Vermummter, hält ihm eine Pistole an die Stirn und fragt: »Katholik oder Protestant?«
»Ich bin Muslim!«, antwortet der Mann aus Pakistan.
»Katholischer Muslim oder protestantischer Muslim?«

Zwei Juden kommen in New York an einer Kirche vorbei. Ein Schild steht davor: »Werden Sie heute noch Christ – und Sie erhalten tausend Dollar bar auf die Hand!«
Sagt der eine Jude: »Ich probiere das mal aus.«
Als er wiederkommt, fragt ihn sein Freund: »Und, bist du konvertiert?«
»Ja, ich bin Christ geworden.«
»Und hast du die tausend Dollar gekriegt?«
Der andere: »Ist das alles, woran ihr Juden denkt?!«

Ein irischer Pater in Brooklyn entdeckt ein Ladenschild: »Greenspan & O'Brien«. Neugierig tritt er ein und wird von einem Mann mit langem Bart und Kippa begrüßt.
Der Pater ist entzückt: »Es freut mich zu sehen, wie sehr unsere beiden Völker sich im Freundschaftlichen wie im Geschäftlichen miteinander verbunden haben.«
»Dann habe ich eine noch freudigere Überraschung für Sie«, entgegnet der Mann: »Ich bin O'Brien!«

»Wie kommt es, dass es unter euch Juden so viele Ärzte, Anwälte und Wissenschaftler gibt?«, fragt ein Christ einen Juden.
»Wir schauen uns jedes Neugeborene an«, erklärt der Jude, »stellen fest, welche Talente es hat, und bilden es entsprechend aus.«
»Und was macht ihr mit den weniger Talentierten?«
»Die lassen wir taufen.«

Ein Mann geht ins Wirtshaus, bestellt drei Bier und trinkt sie aus. Danach bestellt er drei weitere Bier, worauf der Wirt sagt: »Wenn du immer nur eins bestellst, steht das Bier nicht so schnell ab.«

Darauf der Mann: »Ich weiß! Aber ich habe zwei Brüder, beide im Ausland. Als sich unsere Wege trennten, gelobten wir, von nun an zur Erinnerung an unsere gemeinsamen Zechabende auf diese Weise zu trinken. Zwei Bier sind für meine Brüder, das dritte ist für mich.«

Der Wirt ist gerührt: »Großartig!«

Der Mann wird zum Stammgast in dem Wirtshaus und bestellt jedes Mal auf die nämliche Weise drei Bier.

Eines Tages bestellt er nur zwei. Die anderen Stammgäste sehen das, und Schweigen senkt sich über den Schankraum. Als der Mann an die Theke kommt, um seine zweite Runde zu bestellen, sagt der Wirt: »Mein herzliches Beileid, Kumpel.«

Darauf der Mann: »Kein Grund zur Trauer, meine Brüder sind beide wohlauf. Aber ich bin Muslim geworden und musste mit dem Trinken aufhören.«

Ein katholischer Priester fordert einen Rabbi heraus: »Wenn die Beschneidung eine so entscheidende Sache ist – warum werden eure Knaben nicht gleich als Beschnittene geboren?«

»Eine Gegenfrage«, sagt der Rabbi. »Wenn das Zölibat eine so entscheidende Sache ist – warum werden eure Geistlichen nicht gleich als Eunuchen geboren?«

Der israelische Regierungschef Netanjahu macht dem Papst den Vorschlag, anhand eines Golfturniers herauszufinden, welche Gläubigen die besseren seien: Juden oder Katholiken. Der Papst berät im Vatikan mit seinen Kardinälen: »Am besten, wir rufen Jack Nicklaus in Amerika an. Wir ernennen ihn zum Kardinal, dann kann er gegen Netanjahu spielen, und der Sieg ist uns sicher.« Jack Nicklaus wird angerufen, er fühlt sich hochgeehrt und übernimmt den Auftrag. Nach dem Spiel kommt er in den Vatikan, um Bericht zu erstatten: »Ich bin Zweiter geworden, Eure Heiligkeit.« – »Wie bitte? Nur Zweiter?«, fragt der Papst. »Zweiter hinter Netanjahu?« – »Nein«, sagt Nicklaus, »Zweiter hinter Rabbi Woods.«

Fragt der Priester den Rabbiner: »Wann werden Sie endlich Schweinefleisch essen?«
Sagt der Rabbiner: »Auf Ihrer Hochzeit, Hochwürden!«

Im Flugzeugabteil erster Klasse kommen ein Imam und ein junger Priester nebeneinander zu sitzen.
»Champagner?«, fragt lächelnd die Stewardess.
»Aber gerne«, antwortet der junge Priester.
»Eher würde ich Unzucht treiben, als Alkohol zu trinken«, ruft der Imam.
Der junge Priester stellt sein Glas auf das Tablett der Stewardess zurück und lächelt sie scheu an: »Oh! Ich wusste nicht, dass wir wählen können.«

Ein Mann kommt in den Himmel. Petrus fragt ihn nach der Religionszugehörigkeit.
»Lutheraner«, antwortet der Neuankömmling.
Petrus schaut auf seine Liste: »Gehen Sie in Saal fünfzehn, aber seien Sie leise, wenn Sie an Saal acht vorbeikommen.«
Ein weiterer Mann kommt an die Himmelspforte.
»Welche Religion?« – »Jude.« – »Gehen Sie in Saal einundzwanzig, aber seien Sie leise, wenn Sie an Saal acht vorbeikommen.«
Ein Dritter kommt.
»Religion?« – »Hindu.« – »Gehen Sie in Saal elf, aber seien Sie leise, wenn Sie an Saal acht vorbeikommen.«
Der Neue: »Ich verstehe, dass es verschiedene Säle für die verschiedenen Religionen gibt, aber warum soll ich leise sein, wenn ich an Saal acht vorbeigehe?«
Petrus: »Da sind Katholiken untergebracht, und sie glauben, sie seien die Einzigen hier oben.«

Ein evangelischer Pastor kommt in den Himmel. In Anerkennung seiner treuen Dienste übergibt ihm Petrus einen VW. Da sieht der Pastor einen katholischen Pfarrer, der in einem Mercedes unterwegs ist! Der Pastor beschwert sich bei Petrus, der ihm sagt: »Nun ja, das Zölibat. Dafür muss er entschädigt werden.« Kurz danach begegnet der Pastor dem Rabbi – im Rolls-Royce!
»Also der hat kein Zölibat und nichts! Ich will eine Erklärung!«, verlangt er. Petrus legt den Finger auf den Mund: »Pst! Naher Verwandter vom Chef!«

ISBN 978-3-359-01719-6

ISBN 978-3-359-01720-2

ISBN 978-3-359-01721-9

ISBN 978-3-359-01718-9

ISBN 978-3-359-01346-4

ISBN 978-3-359-01331-0

ISBN 978-3-359-01399-0

ISBN 978-3-359-01398-3

ISBN 978-3-359-01165-1

www.eulenspiegel.com

ISBN 978-3-359-01166-8

ISBN 978-3-359-01330-3

ISBN 978-3-359-01366-2

ISBN 978-3-359-01365-5

ISBN 978-3-359-01377-8

ISBN 978-3-359-01378-5

Bücher für jede Gelegenheit

ISBN 978-3-359-01178-1

Quickies je Band: 64 Seiten, zweifarbig, brosch., mit Abb., 4,99 €

Die Cartoons zeichneten:
Nel (6), Erich Rauschenbach (16), BƎCK (26), Kittihawk (38), Petra Kaster (44),
Harm Bengen (56)

Eulenspiegel Verlag – eine Marke der
Eulenspiegel Verlagsgruppe Buchverlage

ISBN 978-3-359-01177-4

1. Auflage 2020
© Eulenspiegel Verlagsgruppe Buchverlage GmbH, Berlin
Alle Rechte der Verbreitung vorbehalten. Ohne ausdrückliche Genehmigung
des Verlages ist es nicht gestattet, dieses Werk oder Teile daraus auf foto-
mechanischem Weg zu vervielfältigen oder in Datenbanken aufzunehmen.

Umschlaggestaltung: Verlag, Karoline Grunske,
unter Verwendung eines Cartoons von Harm Bengen
Druck und Bindung: buchdruckerei.de, Berlin

www.eulenspiegel.com